RELATION ou NOTICE

DES

DERNIERS JOURS

DE

Mons. JEAN JACQUES ROUSSEAU;

CIRCONSTANCES de SA MORT;

ET

Quels font les Ouvrages Pofthumes, qu'on peut attendre, de lui :

PAR Mons. LE BEGUE DE PRESLE,
Docteur en Médecine de la Faculté de Paris,& Cenfeur Royal.

AVEC

Une ADDITION relative au même Sujet;

PAR J. H. DE MAGELLAN,

Gentil-homme Portugais , Membre de la Société Royale de Londres, de l'Academie Royale de Madrid, & Correfpondant l'Academie Royale des Siences de Paris.

A LONDRES,

Chez B. WHITE, Libraire dans *Fleet-ftreet;*
J. JOHNSON, Libraire en *S. Paul's Church-yard;*
P. ELMSLY, Libraire dans le *Strand;* &
W. BROWN, Libraire au coin d'*Effex-ftreet*, près de *Temple-bar.*
M DCC LXXVIII.

AVANT PROPOS.

LA Publication de ces Papiers n'a d'autre objet, que d'établir la vérité de quelques faits relatifs à un homme aussi célébre par ses talents, & par son éloquence, que par la sensibilité de son caractére. C'est cette derniere qui fut la source presqu'unique de ses malheurs, occasionnés par la méchanceté adroite de ses ennemis. Mais il est assez extraordinaire, que lors même qu'il ne sent plus, cette méchanceté le poursuive jusques dans le tombeau, asyle universel, destiné par la sage Nature

au

au repos de tous les infortunés. Puifqu'il ne s'agit que d'avérer des faits dans cette Publication, on a jugé à propos de figner ce témoignage du nom de ceux qui rendent volontiers ce tribut à la vérité. Ce fera déformais au Public à porter fon jugement fur le crédit que mériteront les bruits fourds & anonymes, qu'on pourroit encore continuer à répandre fur ce fujet.

NOTICE

DES

DERNIERS JOURS DE MONS. JEAN JACQUES ROUSSEAU, &c. Adreſſée à M. Magellan, à Londres.

---

1. **D**EPUIS la mort de Monſ. JEAN JACQUES ROUSSEAU, j'ai ſervi ſa mémoire, comm' il vouloit l'être lui-même durant ſa vie, ſurtout dans ſes dernieres années : c'eſt à dire, ſans proteſter contre tout ce qu'on a dit & imprimé de faux & d'inect à ſon ſujet. J'ai crû devoir, à ſon exemple, ne pas m'inquieter pour lui de l'opinion des gens, qui croient le mal legerement, ou ſur parole ; & qui condamnent ou méſeſtiment quelqu'un ſur une conduite forcée par des

A

circon-

circonſtances ; ou ſur des foibleſſes que le Public ignore, quand elles ſont d'une perſonne moins celebre, ou moins vraie ; ou qui n'a pas autant d'ennemis occupés de les divulguer & de les aggraver.

2. Mais je me crois obligé de céder aux inſtances de beaucoup de perſonnes, qui jugent que je dois à la verité, à ceux qui la cherchent, qui aiment cet Ecrivain auſſi éloquent que ſenſible, & qui honorent ſa mémoire, de rétablir des faits alterés dans les converſations particulières & dans les papiers publics. J'entends parler des faits que je ſçais mieux que perſonne.

3. La ſenſibilité extréme que je connoiſſois à Monſ. Rouſſeau, m'avoit fait croire qu'il exageroit le nombre, la mechanceté & l'activité de ſes ennemis ; mais ce qu'ils ont répandu & comm' accredité, ſur les cauſes & ſur les circonſtances de ſon deplacement, & de ſa mort, ne me permet plus de douter de leur grand nombre, & de leur acharnement.

4. Voici

4. Voici des affertions, fur la vérité des quelles on peut compter.

5. Monf. Rouffeau n'avoit certainement ni donné, ni laiffé prendre, ni vendu recemment fes *Memoires* ou *Confeffions*.

6. Madame Rouffeau ne les avoit non plus donné, vendu, ni preté, ni laiffé prendre à qui que ce foit.

7. La perfonne demeurante en pays étranger, qui étoit depofitaire de la plupart des manufcrits de Monf. Rouffeau n'avoit, jufqu'à fa mort, violé en aucune façon, ce dépot. Ainfi les depofitaires feuls ont les *Confeffions* de Monf. Rouffeau.

8. Ce qu'on a imprimé en pays étranger, & dont on a parlé comme des *Memoires* ou *Confeffions*, n'eft nullement cet ouvrage : ce font des Lettres publiées contre le gré de Monf. Rouffeau, & qui n'etoient pas faites pour l'être.

9. Enfin ce n'eft ni pour fe derober à des pourfuites, ni pour obeir à des ordres relatifs aux *Memoires* ou *Confeffions*, ni à

A 2   aucun

[4]

aucun autre ouvrage, que Monſ. Rouſſeau
a quitté Paris ; mais par les circonſtances,
ſuivantes, & de ſon plein gré.

10. Il y a plus d'un an, que Monſ.
Rouſſeau diſoit qu'il vouloit ſe retirer à la
campagne ; parceque ſon revenu, depuis
qu'il renonçoit peu-à-peu à copier de la
muſique, n'étoit plus ſuffiſant pour le
faire vivre à Paris avec ſa femme & une
ſervante, que leur age, & ſur tout le de-
rangement de la ſanté de ſa femme, ren-
doient néceſſaire. Il ceſſoit de copier de la
muſique, parceque ſa main n'étoit plus
aſſez ferme ni aſſez vite, pour que ce tra-
vail lui fut profitable ; & que le prix de
la copie ne payoit pas le quart du tems,
qu'on lui prennoit, en apportant ou rem-
portant la muſique.

11. Monſ. Rouſſeau me dit, à la fin du
mois d'Avril dernier, qu'il n'etoit pas
eloigné d'accepter une habitation à environ
quarante lieues de Paris ; mais qu'il n'a-
voit encore pris aucun engagement. Je
lui

[5]

lui repréfentai les inconvéniens d'un pareil
éloignement , la difficulté des voyages,
en cas de maladie , d'infirmités , ou d'affaires qui exigeaffent fon retour à Paris ;
& le peu de certitude , qu'il avoit que les
perfonnes & les lieux qu'il choififfoit, lui
convinffent , foit dans le moment, foit dans
le refte du tems. Enfuite je lui offris de
la part de Monf. le Marquis de Gerardin,
dont il avoit reçu plufieurs vifites depuis
quelques années, & de la part de Madame
fon Epoufe , une habitation pour le refte
de fes jours, à leur Terre d'Ermenonville,
fituée à neuf lieues de Paris.

12. Nous examinames les diverfes circonftances, dans lefquelles lui & fes hotes
pouvoient fe trouver ; & quels en feroient
les effets : & je n'eus pas de peine à mon-
trer à Monf. Rouffeau, dans tous es cas,
des raifons effentielles pour qu'il preferat
Monf. & Madame de Gerardin, ainfi que
leur Terre, aux autres perfonnes & habi-
tations, dont on lui avoit parlé. Après

[6]

cela je le quitai, en lui difant, que je re-
viendrois dans deux jours favoir ce qu'il
auroit réfolu.

13. Ce tems expiré, Monf. Rouffeau
me dit, que des vifites éloignées n'aiant
pu lui faire connoitre intimement les perfonnes qui lui offroient un azile à leur
Terre ou maifon de campagne, il ne pouvoit faire de choix ; mais qu'il s'en rapor-
toit à moi : que connoiffant fa fortune,
fon caractere, fa maniere de vivre, & connoiffant ou pouvant connoitre, mieux qui
lui, les perfonnes & les lieux dont il s'agif-
foit, j'etois plus en etat de juger, fi les perfonnes & les lieux lui convenoient, & s'il
pouvoit convenir à ces perfonnes.

14. Je decidai Monf. Rouffeau à pre-
ferer Ermenonville pour fa retraite, & à fe
confier à Monfieur & Madame de Gerardin ; parceque j'avois toute la certitude
poffible, qu'ils le feroient jouir de toute
la liberté & de l'independence qu'exi-
geoient fon caractere & fa façon de vivre ;
qu'ils

qu'ils auroient foin d'écarter tout ce qui pourroit troubler fa tranquilité ; qu'ils menageroient fon extreme fenfibilité ; & qu'ils feroient tout ce qu'il permettroit pour lui procurer l'efpece de bonheur dont il etoit encore fufceptible. Enfin l'étude des plantes faifant prefque la feule occupation de Monf. Rouffeau, j'avois lieu de prefumer qu'il fe plairoit beaucoup à Ermenonville, où des terreins très variés par les inegalités, des fols de diverfes qualités, des cultures de plufieurs efpeees, beaucoup de Bois, des eaux courantes, & d'autres dormantes, nourriffent, dans l'efpace de deux mille toifes autour du Chateau, plus de plantes, qu'il ne s'en trouve d'ordinaire dans dix lieues de pays.

15. Monfieur & Madame de Gerardin vinrent le fur lendemain renouveller leur offre à Monf. Rouffeau, qui l'accepta avec fenfibilité.

16. En décidant Monf. Rouffeau à fe retirer à Ermenonville plutôt que par tout ailleurs,

ailleurs, je crus devoir lui demander de fufpendre fa derniere refolution, c'eft à dire, le deplacement de fa femme & le tranfport de fes meubles, jufqu'à ce qu'il eut vû, durant un fejour au Chateau, fi le pays lui plairoit, s'il y trouveroit une habitation qui lui convint & à fa femme; enfin, s'il confentiroit à tenir de Monf. & Madame de Gerardin des chofes, dont ils ne pouvoient pas recevoir le prix, comme l'habitation, certaines provifions, telles que les legumes qu'il ne pouvoit avoir qu'à leur potager, &c.

17. Je hatai le depart de Monf. Rouffeau; parceque j'étois obligé de me trouver à Paris la veille de la Pentecote; & que, s'il reftoit à Ermenonville, comme je l'efperois, il convenoit que je paffaffe quelque tems avec lui. Ainfi, pour que notre depart ne fut pas retardé par les affaires de Monf. Rouffeau, & qu'il fut le maitre de refter à Ermenonville, je m'engageai à rendre à mon retour à Paris les divers effets qu'on

qu'on lui avoit prétés ou laiffés, & à recevoir fon revenu. Cependant comme fon retour n'étoit pas impoffible, on convint de dire, qu'il etoit allé paffer quelques jours à la campagne.

19. Monf. Rouffeau partit pour Ermenonville le 20 Mai, non pas à pied faute d'argent, comm' on l'a dit, mais dans une chaife, qüi nous mena à Louvres, où nous trouvames un carroffe & des chevaux de Monf. le Marquis de Gerardin. Je crois devoir dire à ce propos, que Monf. Rouffeau n'etoit pas dans la mifere, comm' on l'a dit. Il avoit quatorze cent quarante livres de rente conftituée viagere.

19. Tout ce que Monf. Rouffeau vit, entendit, & éprouva au milieu de la famille de Monf. de Gerardin, lui fut fi agreable & d'un fi heureux augure, qu'il ecrivit, dès le troifieme jour, à fa femme de faire fes paquets, & de le venir trouver avec fes meubles. Il la reçut le Mardi fuivant dans l'apartement qu'il avoit choifi

dans

dans un des pavillons qui font en avant du chateau, feparés par des foffés remplis d'eau, & une partie de l'avant-cour.

20. Pendant le tems que je paffai chez Monf. de Gerardin, Monf. Rouffeau me parut de plus en plus fatisfait de fon nouveau domicile & de fes hotes : il venoit fe promener prefque tous les jours avec nous, & y dinoit quelque fois. Il entreprit bientôt de faire l'herbier ou collection des plantes des environs d'Ermenonville.

21. Je revins à Paris le 5 Juin, avec la fatisfaction de laiffer Monf. Rouffeau au milieu d'une famille, dont fa douceur lui avoit gagné l'amitié, & à laquelle il paroiffoit rendre l'eftime & l'attachement qu'elle merite.

22. Je retournai chez Monf. le Marquis de Gerardin le 21 du même mois ; & je fus convaincu du contentement de Monf. Rouffeau par la reconnoiffance qu'il me témoigna pour fes hotes ; & les remercimens qu'il me fit, comm' ayant influé

fur

fur la preference qu'il leur avoit donnée.
Il les voyoit fouvent, & leur marquoit de
la confiance. Il avoit delié fes compofi-
tions de mufique ; il les faifoit executer,
& montroit à les chanter à cette eftimable
famille.

23. Monf. Rouffeau paffoit une grande
partie du jour à la recherche des plantes,
& aux foins qu'elles demandent pour être
mifes en herbier. Il s'etoit attaché à un
des enfans de Monf. de Gerardin, & lui
avoit infpiré du gout pour la connoiffance
des plantes. Mais, comme s'il ne pouvoit
avoir de fatisfaction entiere, il étoit chagrin quand l'enfant ne venoit pas le voir,
ou fe promener avec lui, à l'heure ordinaire ; & s'inquietoit dès lors de la peine
qu'il auroit, lorfque l'enfant reviendroit à
Paris paffer l'hiver.

24. Le 26 Juin, jour de mon depart
pour Paris, il me demanda de lui envoyer, à mon arrivée, du papier pour
continuer fon herbier ; des couleurs pour

former

former les encadremens; & de lui apporter, à mon retour au mois de Septembre, des livres de voyages pour amufer, durant les longues foirées, fa femme & fa fervante, avec plufieurs ouvrages de botanique fur les *Chiendents*, les *Mouffes*, les *Champignons*, qu'il fe propofoit d'etudier l'hiver. Il dit même qu'il pourroit fe remettre à quelques ouvrages commencés, tels que l'*Opera de Daphnis*, & la *Suite d'Emile*.

25. Tous ces projets, ces occupations, ou amufemens demontrent affez que Monf. Rouffeau jouiffoit encore, les derniers jours de Juin, de la fanté & de la tranquilité d'efprit, neceffaires pour les former & les gouter : & qu'il avoit l'efpérance de vivre encore quelques années en paix dans fa retraite.

26. Monf. Rouffeau continua de paroitre content, & jouir d'une bonne fanté jufqu'au Jeudi, 2 Juillet ; car je ne regarde point comm' une annonce, ou commencement de la maladie qui l'a fait perir, quelques

douleurs

douleurs de colique, dont il se plaignit la veille durant sa promenade, & dont il ne parla plus le reste de la soirée. Il soupa & passa la nuit à son ordinaire.

27. Le Jeudi (2 Juillet) il se leva de bonne heure, se promena dehors suivant son usage jusqu'à l'heure de son dejeuné, qu'il fit selon sa coutume avec du café au lait préparé par sa femme, & dont elle prit une tasse, ainsi que sa servante. Aussi-tôt après le dejeuner il demanda à sa femme de l'aider à s'habiller ; parceque la veille il avoit promis d'aller au Chateau dans la matinée.

28. Il se preparoit à sortir, lorsqu'il commença à se sentir dans un etat de ma-laise, de foiblesse, & de souffrance ge-nerale. Il se plaignit successivement de pi-cotement très-incommode à la plante des pieds ; d'une sensation de froid le long de l'épine du dos, comme s'il y couloit un fluide glacé ; de quelques douleurs de poitrine ; & sur tout pendant la derniere

heure

heure de ſa vie, de douleurs de tête d'une violence extreme, qui ſe faiſoient ſentir par accès : il les exprimoit en portant les deux mains à ſa tête, & diſant qu'il ſembloit qu'on lui déchiroit le crane. Ce fut dans un de ces accès que ſa vie ſe termina ; & il tomba de ſon ſiege par terre. On le releva à l'inſtant, mais il etoit mort ; car les Chirurgiens, qu'on n'avoit pu avoir plutôt, employerent ſans ſuccès la ſaignée, l'alkali volatil, les veſicatoires, &c.

29. Quiconque a ſouffert, ou vu ſouffrir ces grandes peines d'eſprit & de corps, qui rendent l'exiſtence un ſupplice continu, ne ſera pas ſurpris ſi on lui dit que Monſieur Rouſſeau a vu arriver ſa derniere heure de ſang froid, & même avec une eſpece de ſatisfaction. Soumis à la Providence divine, convaincu de l'immortalité de l'ame, il etoit depuis long tems dans ſes principes de ne rien faire pour avancer la fin de ſes jours, quoique la vie

lui

lui fut à charge. Mais accoutumé depuis nombre d'années à confiderer ce moment comme le feul où il put oublier entiere-ment les trahifons & les perfecutions paf-fées , ainfi que la crainte qu'elles ne fe renouvellaffent , il ne cachoit pas , que fa fin lui paroiffoit defirable.

30. A ce motif de regarder la mort comme ce qui pouvoit dorenavant lui ar-river de plus heureux , il s'en etoit joint depuis quelques années d'autres auffi puif-fants. Il apprehendoit d'avoir une vieil-leffe douloureufe & infirme ; de voir fa femme dans cet etat ; de s'y trouver tous les deux enfemble ; ou d'y être feul , après avoir perdu fa femme. Ce n'etoit peut-être pas le mal phyfique qu'il redoutoit le plus ; car perfonne d'auffi fenfible ne fouffrit jamais avec autant d'apparence d'a-pathie, ou infenfibilité ; & perfonne n'agit moins que lui , pour fe delivrer de la dou-leur & des incommodités. La patience etoit prefque le feul remede qu'il voulut

oppofer

oppofer à tous les maux ; mais il craignoit au-delà de ce qu'on peut exprimer, de devenir incommode ou à charge ; d'être reduit à implorer, ou recevoir des fecours.

31. Dans ces dernieres années-cy, où fa femme avoit des indifpofitions qui font communes à fon age, & qui n'ont rien de dangereux, j'ai vu Monf. Rouffeau fe figurer, ou plutôt s'exagerer le fâcheux etat auquel il feroit reduit par fa perte ; on ne peut rien de plus trifte que ces tableaux. Qu'on juge donc comment une mort qui s'annonçoit pour être prompte, a dû être accueillie par l'homme le plus fenfible, peut-être, qui ait exifté, qu'elle affranchiffoit de tant de fouvenirs & de craintes, dont fon ame etoit navrée, & fon cœur dechiré dans tous les momens, où quelqu' occupation ou diffipation du gout de Monf. Rouffeau ne l'empechoit pas de fe livrer à fes reflexions melancholiques.

32. Je ne repeterai pas ce que Monf. Rouffeau a dit pendant fa derniere heure,

&

& encore moins les propos faux ou inexacts qu'on lui attribue. Madame Rousseau, qui etoit seule avec lui, avoit trop d'inquietude & de chagrin pour retenir jusqu' aux expressions des reflexions morales ou religieuses qu'a pu faire son mari ; si le trouble que doit causer dans l'esprit la destruction de l'organisation, ou la cessation de la vie, lui en a permis. Je me suis assuré par des informations prises le jour même de sa mort & les jours suivans, que Monsi. Rousseau n'a montré ni ostentation ni foiblesse dans ses derniers momens ; mais de l'affection pour sa femme, de la confiance en Monsi. Gerardin, & de l'esperance dans la misericorde de Dieu.

33. Monsi. Rousseau aiant témoigné le desir d'etre ouvert ; il l'a été le lendemain de sa mort, devant moi & dix autres personnes. Le Procès-verbal sera mis en entier dans un ouvrage periodique de Medecine. Voici la copie des deux derniers articles.

34. À la suite de la defcription des parties externes & internes, où il ne s'eft rien
trouvé de vicié ou morbifique, que deux
très-petites hernies inguinales, on lit ce
qui fuit.

35. » Ainfi il y a lieu de croire, que
» les douleurs dans la region de la veffie
» & les difficultés d'uriner que Monfieur
» Rouffeau a eprouvées en differens tems
» de la premiere moitié de fa vie, ve-
» noient d'un etat fpafmodique des par-
» ties voifines du col de la veffie, ou du
» col même, ou d'une augmentation de
» volume de la glande proftate : maux
» qui fe font diffipés en même tems que
» le corps s'eft affoibli, & a maigri en
» vieilliffant. Quant aux coliques, aux
» quelles Monf. Rouffeau a été fujet de-
» puis environ l'age de cinquante ans, &
» qui n'étoient ni longues, ni vives, elles
» dependoient felon toute apparence des
» hernies. »

36.

36. ,, L'ouverture de la tête, & l'exa-
,, men des parties renfermées dans le cra-
,, ne, nous ont fait voir une quantité très-
,, confiderable [plus de huit onces] de fe-
,, rofité epanchée entre la fubftance du cer-
,, veau, & les membranes qui la couvrent.
,, Ne peut-on pas attribuer la mort de
,, Monfieur Rouffeau à la preffion de cette
,, ferofité, à fon infiltration dans les en-
,, veloppes ou la fubftance de tout le fy-
,, ftême nerveux ? Du moins il eft certain
,, que l'on n'a point trouvé d'autre caufe
,, apparente de mort dans les cadavres
,, d'un grand nombre de fujets, peris ainfi
,, promptement, &c. &c. ,,

37. On a, fans le plus leger prétexte,
accufé Monf. Rouffeau d'avoir pris une refolution violente, pour fe delivrer des in-
quietudes & perfecutions relatives à l'im-
preffion des fes *Memoires* ou *Confeffions*. Il
eft certain aujourd'hui, que cet ouvrage
n'eft point imprimé ; & que Monf. Rouffeau a quitté Paris de fon propre mouve-

B 2

ment

ment & fans crainte. D'ailleurs le fuicide etoit contre les principes actuels de Monf. Rouffeau. Enfin, je fuis affuré par l'examen le plus fcrupuleux de toutes les circonftances qui ont précedé, accompagné, & fuivi fa mort, qu'elle a été naturelle & non provoquée. Si Monfieur Rouffeau eut penfé pouvoir fans crime prendre ce parti extrême, & s'il l'eut fait, je le dirois ; parce qu'il n'a caché dans fes *Confeffions* aucune de fes penfées, ni de fes actions, louables ou blamables.7

38. J'ai lieu de croire, d'après ce que m'a dit Monf. Rouffeau, qu'il ne laiffe aucun ouvrage confiderable achevé, & dans l'etat où il l'auroit publié, à l'exception de fes *Confeffions* ; mais qu'il laiffe quelques opufcules. Il me femble que le Public peut regarder comme fupofés les Ouvrages qui lui feront préfentés fous le nom de Monf. Rouffeau, fans le témoignage des perfonnes connues pour les avoir reçus en don, ou en depot. On ne doit

pas

pas compter fur la fuite d'Émile , dont il
n'y a que quelques pages, & non pas deux
volumes comm' on l'a annoncé ; ni s'attendre à voir publier bientôt l'ouvrage intitulé
Mes Confeſſions , à moins que quelqu'
un de ceux qui les poſſedent ne ſe rende
coupable d'infidelité , comme depoſitaire,
ou de trahiſon comm' ami. Ils ſavent auſſi
bien que moi ce que Monſieur Rouſſeau
penſoit & deſiroit ſur le tems de leur im-
preſſion.

A Paris , ce 25 Aout 1778.

LE BEGUE DE PRESLE,

   ADDI-

ADDITION

à la Relation ci-deſſus,

Par J. H. DE MAGELLAN.

---

39. QUOIQUE le témoignage de Monſ. le Begue de Preſle n'ait aucun beſoin d'être confirmé par perſonne, pour obtenir le credit du Public, dont il eſt aſſez connu par ſes productions litteraires, marquées au coin du bon ſens & du ſavoir, ce qui joint aux excellentes qualités du cœur, le font eſtimer par tous ceux qui le connoiſſent; je me flatte cependant, que peut-être on ne ſera point fâché d'apprendre les faits ſuivans, relatifs à la Relation ci - deſſus, que je ſuis à

même

même d'averer d'après ma propre connoiffance. Voici les circonftances qui m'ont
mis dans le cas de pouvoir ajouter ce témoignage.

40. Je fus à Paris au mois de Juin der-
nier (1778) pour y revoir mes anciens
amis , & faire arranger fous mes yeux
quelques inftrumens aftronomiques , que
je leur avois envoyés de Londres, & qui
avoient fouffert dans le tranfport. Avant
de retourner en Angleterre, vers le 20 du
même mois , comme je me l'etois propofé ,
je refolus de me détourner un peu de ma
route , pour aller voir Monf. le Marquis
de Gerardin, avec lequel j'étois en corref-
pondance depuis quelque tems. Il m'a-
voit invité à fa Terre d'Ermenonville ,
dont on a parlé ci-deffus ; & aiant appris
dans le même tems que Monf. Jean Jacques Rouffeau s'y etoit retiré d'après l'offre généreufe que Monfieur de Gerardin
lui avoit faite ; ce fût un motif de plus
pour m'y déterminer. Je n'avois jamais

vû

vû cet homme extraordinaire, qui fait la gloire de notre fiecle, malgré les écarts où fon imagination, les vives emotions de fon ame, & l'extrême fenfibilité de fon cœur, l'ont quelque fois jeté. Les gens fenfés lui pardonneront volontiers ces écarts, parcequ' enfin il étoit homme; & d'ailleurs, à mon avis, il y a plus lieu de fe défier de ceux qui fe croient fort au-deffus des foibleffes humaines, que de ceux qui les partagent, & les expofent avec candeur au jugement du Public.

41. Je puis hardiment affurer tous ceux qui liront cet écrit, que mon defir de connoitre perfonnellement J. J. Rouffeau, n'etoit pas chez moi l'effet d'une fotte curiofité de voir un grand homme, ou d'une petite vanité d'être connu de lui. Non. Les malheurs de cet homme célebre ; les perfécutions qu'il a effuyées ; l'envie qu'il a excitée ; fon mérite ; fes talens fupérieurs ; fes erreurs même ; tout m'intéreffoit à lui ; tout m'infpiroit le defir de le voir

voir , & de le connoitre perfonnellement.

42. Il y eut de tout tems de ces ge-
nies malheureux dans la claffe litteraire,
qui font rongés de chagrin jufqu'au fond
du cœur ; parcequ'ils ne peuvent furpaf-
fer leurs contemporains dans tous les gen-
res de productions : tels font ceux dont
les ames noires ne connurent d'autre fentiment que celui de la jaloufie , d'une jaloufie méchante , de cet ecrivain inimita-
ble : — qui tâchoient de le tourmenter ,
& qui y ont réuffi en fe prévalant de l'extrême fenfibilité de fon caractere, qui peut-
être dependoit beaucoup de fon organifation phyfique , à fin de le jetter dans ces
épanchements de cœur , que le vulgaire
imbécile appelle imprudences , & qu'il blâ-
me d'après les idées de l'efclavage habituel,
où il a été nourri dans la focieté civile ;
mais que les gens d'un jugement fupé-
rieur ne peuvent , ni ne voudroient con-
damner.

43. J'avois vu ici à Londres l'effet des cabales des ennemis de Monf. Roufleau. Sous l'apparence de fe rendre fes bienfaiteurs, ils ne manquerent pas d'exciter fa delicateffe de fentiment, à fin de le faire paffer pour un fou, un mifanthrope : & même pour un ingrat, epithete la plus injurieufe & infupportable, dont on puiffe flétrir une ame fenfible & honnete. Ce fut en maniant adroitement cette mechanique obfcure & mechante, qu'ils l'obligerent en fin d'abandonner l'afile qu'il avoit trouvé au centre de la liberté, au fein d'une nation qu'on appelle Philofophique à jufte titre ; mais dont il feroit fort ridicule de croire que tous les individus font philofophes.

44. J'avoue franchement que je fus alors vivement touché de ces procédés indignes : car tout honnête - homme malheureux a droit à ma compaffion ; & quelle que foit fa fortune, quelle que foit fa fituation à l'égard du Public, à qui on en impofe

impofe prefque toujours , & qui ne juge
que d'après les opinions qu'on a le ta-
lent de lui fuggérer , je ne faurois m'em-
pêcher d'époufer fes interêts , & de parta-
ger en quelque façon l'amertume de fon
cœur.

45. Si j'avois pu rendre quelque fer-
vice à Monf. Rouffeau , quoique moi-même dans une fituation étroite , & egale-
ment comme lui étranger dans le pays ,
je n'aurois pas manqué de faire tous mes
efforts pour me lier avec lui , & meriter
fa confiance. Les mêmes raifons à peu
près m'empêcherent dans la fuite de faire fa connoiffance à Paris , quoique j'y
eus l'amitié de deux perfonnes, avec qui
il etoit intimement lié : je veux dire
Monf. le Begue de Prefle , à qui je dois
la *Relation* ci-deffus ; & feu Monf. Au-
blet, l'Auteur de l'*Hiftoire des Plantes
de la Guiane.* Mais Monf. Rouffeau évi-
toit depuis long tems de faire des connoif-
fances nouvelles. Il n'avoit que trop d'expérience

périence de la méchanceté de plufieurs perfonnes qui avoient voulu fe donner les airs d'être fes amis. Il avoit donc des rai-fons pour tenir cette conduite : & je ref-pecte autant dans les autres la liberté d'a-gir felon leurs principes, que je fouhaite pour moi-même de ne pas être géné dans ce qui ne regarde que moi feul.

46. Revenons à mon fujet, quoique cette digreffion n'y foit pas tout à fait etrangere. La pofition & les circonftances de Monf. Rouffeau, au mois de Juin der-nier, etoient entierement diverfes de ce qu'elles avoient eté auparavant. Il fe trou-voit heureux au milieu de fes bons amis, qu'il connoiffoit pour tels ; & dans le fein d'une famille auffi aimable & honnête qu'elle eft refpectable. J'ai crû donc de bien faire en me permettant la fatisfaction de voir ce Philofophe, jouiffant enfin du bonheur vers la fin de fa carriere.

47. Je communiquai mon projet à Monf. le Begue de Prefle, qui me dit

qu'il

qu'il s'etoit propofé d'y aller auffi vers ce tems-là : & j'eus le plaifir de l'accompagner le même jour 21 de Juin, dont il parle au N° 22 ci-deffus. Notre petit voyage fut exactement tel qu'il eft décrit au N° 18, lors qu'il y mena Monf. Rouffeau. Une chaife de louage nous mena jufqu'à Louvres, où nous trouvâmes le carroffe & les chevaux de Monf. le Marquis de Gerardin, qui avoit eu la bonté de les y envoyer exprès pour nous conduire chez lui. Ceux qui ont inventé la fable du voyage à pied de Monf. Rouffeau à Ermenonville, doivent être bien abfurdement effrontés & ridicules.

48. Nous arrivâmes au Château un peu avant diner, & y trouvâmes de la compagnie, qui etoit venu voir Monf. le Marquis & fa Famille. Après diner Monf. Rouffeau vint nous trouver, au moment qu'on fe difpofoit à aller à la promenade, & qu'on etoit deja fur le pont du foffé qui environne le Château. Il n'avoit rien

dans

dans fa phyſionomie qui l'annonçat , ſi ce
n'eſt la vivacité de ſes yeux. — Son air ſimple & modeſte , ſans afficher aucune pré-
tention , ni laiſſer échapper aucun ſigne de
l'élévation de ſon eſprit , ne l'auroient jamais fait prendre pour ce qu'il etoit.

49. Je me rappellai alors quelques paſ-
ſages de ſes Œuvres , où l'ame paroit ſortir
de ſa ſphere , & ſentir les émotions les
plus energiques d'une vertu à toute epreuve
& ſublime : ou bien être abſorbée dans la
contemplation des vérités les plus ab-
ſtraites , qu'il vouloit devoiler , & mettre
à la portée de tout le monde. Mais mon
imagination ſe plaiſoit à faire illuſion à
mes yeux , & alloit me faire douter ſi
l'homme que je voyois devant moi etoit
cet ecrivain ſeduiſant , ce peintre admira-
ble des ſentimens les plus délicats du cœur
humain.

50. En finiſſant cette phraſe , il me
ſemble voir s'élever les petits génies , les
fanatiques , & pire qu'eux , les bigots , pour

ſe

ſe joindre aux détracteurs du merite & des talents de cet homme célebre, pour paſſer condamnation ſur ſes ecrits, n'y trouver que des erreurs, des paradoxes, & des travers, ſoit en morale, ſoit en religion ; & paſſer à côté des endroits les plus ſublimes, des maximes les plus vraies, & des verités tout à fait lumineuſes, ſans vouloir les appercevoir, ſans vouloir les reconnoitre ; — malheur à l'homme qui ne ſait decouvrir dans les Œuvres de Monſ. Rouſſeau que ce qu'il pourroit y avoir de défectueux !

51. Peu à peu, & comme ſans deſſein, j'entrai en converſation avec Monſ. Rouſſeau ; & je fus on ne peut plus enchanté de le voir dans un etat paiſible, & tout à fait à ſon aiſe. La tranquilité de ſon ame & le contentement de ſon cœur ſe produiſoient ſur ſon viſage & dans ſes diſcours. Il entroit ſans difficulté dans les ſujets & propos les plus indifferens de la converſation, lors qu'on s'adreſſoit à lui, ou

que

que ſon tour venoit pour la ſoutenir ; c'e-
toit la ſimplicité même : il s'exprimoit avec
une naiveté charmante, qui annonçoit parfaitement la candeur de ſon ame.

52. Je fus charmé d'obſerver que les
enfans mêmes de Monſ. le Marquis ſecon-
doient ſon penchant pour la botanique, en
lui apportant les plantes moins communes
qu'ils rencontroient dans la promenade.
Il s'entretenoit avec eux en leur marquant
les caraĉteres de la claſſification botanique,
& leur montrant les differences ſpécifiques.
Il y avoit cependant de tems en tems des
expreſſions entre les autres, quoique très-
rarement, qui décéloient un Rouſſeau —
c'etoit un laconiſme énergique & plein
de ſentiment. Il m'échappa de dire, je ne
me rappelle point à quel propos, que *les
hommes etoient mechans. Les hommes, oui,*
repliqua Monſ. Rouſſeau ; *mais l'homme
eſt bon !*

53. C'etoit ſur tout dans quelqu' inci-
dent, qui excitoit ſa ſenſibilité, qu'on
pouvoit

pouvoit pour lors reconnoitre ce philofophe. La converfation roula par hazard
fur les malheurs de la vie humaine, dont
il n'y a grand ni petit qui puiffe fe flatter
d'être exempt : & je citai à cette occafion
les évenemens terribles, dont je fus témoin pendant le grand tremblement de
terre, arrivé à Lisbone en 1755 : où je
vis les rangs & les états. confondus dans
un clin d'œil, les fortunes abîmées, &
toute une grande Ville plongée dans le
deuil & dans la défolation.

54. Monf. Rouffeau me regarda alors
fixement. Quoi ! me dit-il, y etiez-vous ?
Oui, Monfieur, lui repliquai-je : & je ne
me fouviens jamais de ce funefte évene-
ment fans treffaillir d'horreur. Dans ce
bouleverfement, la multiplicité des malheurs dont j'etois témoin, ne me laif-
foient prefque qu'une fenfation unique
d'une douleur tranchante ; & la vue de
quelques uns de mes amis enveloppés dans
la deftruction publique, exaltoit cette dou-

C

leur

leur à un point que je ne saurois depein-dre. Je m'en rappelle un accident, entr' autres, dont le souvenir retrace à mon imagination le tableau le plus touchant.

55. Un citoyen de Lisbone se trouvoit hors de sa maison, lorsque la plupart des edifices croulerent par la troisieme secousse, après que les deux premieres en avoient deja ebranlé les murailles & les fondemens. Il accourut, aussitot qu'il fut en etat de ré-flechir, au secours de sa femme & de ses enfans, dont il redoutoit le sort. Agité par cette apprehension, il franchit les dé-combres dont les rues etoient pleines : & redoubla de courage, voyant que sa mai-son n'etoit pas tombée, quoique les ruines de celles qui etoient vis-à-vis en avoient comblé la porte & les fenêtres. Il cria tout haut en appellant sa famille, qui lui repon-dit encore en vie ; mais sans pouvoir sor-tir, puisque tout etoit bouché.

56. Cet infortuné se mit à remuer les decombres, demandant à ceux qui pas-foient

foient à quelque diftance, de l'aider à faire un trou par où fa famille pût fortir de cette efpece de tombeau. Malheureufe-ment le feu prit fi près de cette maifon, qu'il ne lui refta d'autre reffource que de joindre fes cris & fes larmes à ceux de fa famille, qui fut brulée vive fous fes yeux. A ces mots, Monf. Rouffeau qui avoit été fort attentif au recit que je lui faifois, fit brufquement un pas de côté ; & , comme s'il eut été frappé de la foudre, refta im-mobile pendant quelques inftants. Je ne faurois décrire l'expreffion de fa phyfio-nomie dans ce moment là ; elle peignoit parfaitement ce qui fe paffoit au - dedans de lui.

57. En rentrant vers le foir au Château, Monf. le Marquis nous regala d'un con-cert, auquel Monf. Rouffeau prit quelque part : je me fouviens en particulier qu'il ac-compagna du piano-forte la chanfonette du *Saule*, qui fe trouve en *Ottello*, Tragedie de Shakefpear, que lui-même (Monf. Rouf-

C 2feau)

feau) avoit mife en mufique tout récem-
ment. J'obtins avec fa permiffion une copie
de cette petite piece : elle eft dans le vrai gout
fimple & pathetique de fon Auteur. C'eft
apparemment la derniere de fes compofi-
tions. J'en ai donné des copies à plufieurs
de mes amis, en paffant par Bruxelles, &
à mon retour en Angleterre.

58. Le jour fuivant (22 Juin) Monf.
Rouffeau accepta l'offre de diner chez
Monf. le Marquis. Il vint à l'heure ordinaire, mais un accident empêcha fa femme d'être de la partie, ce qui me priva du
plaifir de faire fa connoiffance. Les longs
fervices qu'elle avoit rendus, & l'attachement qu'elle avoit eu toujours pour ce Philofophe dans un fi grand nombre de circonftances defagreables, la rendent fans
doute très-eftimable vis-à-vis de tous ceux
qui ont du fentiment. Après diner, Monf.
Rouffeau fut auffi de la partie de la promenade : & le refte de la journée fe paffa
agreablement comme la précédente.

59. Si je n'avois eu à consulter que mon gout, j'aurois cedé aux offres obligeantes de Monf. le Marquis, pour y refter quelques jours de plus. Mais j'etois preffé de retourner à Londres : ainfi je fus obligé de quitter cette focieté charmante, où l'on n'avoit eu pour moi que des bontés ; & où j'avois vu les vertus de l'hofpitalité, de la generofité, & de la tendreffe exercées envers cet homme extraordinaire, fi long tems l'objet de l'envie & le jouet de la fortune. Je partis le lendemain après diner pour Senlis, dans le carroffe de campagne de Monf. le Marquis, que je laiffai dans la promenade avec fa Famille, Monf. Rouffeau, & le commun ami, Monf. le Begue de Preffe.

60. L'on s'attend peut-être de ma part à une defcription de cette belle Maifon de campagne d'Ermenonville, où Monf. Rouffeau avoit fixé fon dernier domicile avec tant de fatisfaction. Mais il ne m'eft point aifé d'en entreprendre le tableau.

C 3

Quiconque

Quiconque aura lû l'excellent Traité de Monſ. le Marquis de Gerardin ſur le Jardinage, ou comm' il s'exprime, *de la Compoſition des Payſages*, ſe perſuadera facilement, qu'un goût ſi eclairé par les vrais principes de la belle Nature, qu'il a etudiés en philoſophe inſtruit par elle, n'aura pas manqué dans la pratique aux mêmes regles qu'il n'avoit pu former, que d'après une expérience réfléchie, accompagnée du ſentiment le plus delicat, & après avoir vu lui-même tout ce qu'il y avoit de plus beau en Europe. Cependant pour ſatisfaire la curioſité du Lecteur, je copierai ici une partie d'une lettre que je reçus d'un de mes amis, qui avoit viſité cet endroit delicieux plus d'un an avant que Monſ. Rouſſeau y fut domicilié : ceci donnera quelque idée d'Ermenonville.

61. ″ La belle Terre d'Ermenonville ″ (dit mon ami) à neuf lieues de Paris, ″ appartenante à Monſ. le Marquis de Gerardin, eſt le ſeul endroit où les François

» çois puiſſent prendre l'idée des payſa-
» ges Anglois, & qui peut-être les ſur-
» paſſe de beaucoup : auſſi y voit-on un
» concours de curieux nationaux & etran-
» gers. L'Empereur y a été depuis peu :
» & il a trouvé la belle Nature de ce Lieu
» plus frappante & plus agreable que la
» Nature parée par l'art à Chantilly. Le
» parc fait partie d'une forêt, dont il
» occupe 1000 ou 1200 arpens : & ce
» terrein ſe trouve très-irrégulier & très-
» varié ; ce qui a fourni des tableaux &
» des ſcenes très-pictoreſques, que l'on a
» developpés avec beaucoup de goût & de
» dépenſe. »

62. » Une riviere, qui du côté de l'en-
» trée du Château eſt à 300 pas, a l'effet
» de la caſcade de Tivoli, en tombant de
» 15 pieds à travers des rochers, fait le
» tour de l'avant-cour, & vient former une
» ſeconde caſcade auſſi ruſtique, en tom-
» bant dans les foſſés qui entourent le
» Château ; & après en avoir fait le tour
» elle

» elle continue fa route vis-à-vis l'autre
» façade du Château, au milieu d'une ma-
» gnifique prairie, où l'eau fe trouve tou-
» jours à fleur de terre. La prairie eſt bor-
» dée par de beaux bois, & ceux-ci fur-
» montés à peu de diſtance par des fom-
» mets de montagnes, les unes couvertes
» de bois, & les autres arides. Dans ces
» maſſes de bois, & derriere les monta-
» gnes, fe trouvent de beaux lacs, des
» vergers, des terres à bled, ou fermes,
» & toutes les varietés de culture, &c. »

63. » Les promenades dans ce beau
» Lieu ne font pas moins agreables à l'o-
» reille qu'aux yeux, par la bonne mu-
» fique qu'on y entend. Monf. le Mar-
» quis de Gerardin ayant des muficiens,
» qui concertent, tantôt dans les bois,
» tantôt fur le bord des eaux, ou fur les
» eaux mêmes ; & qui fe raſſemblent
» lorfque la nuit eſt venue, pour exécu-
» ter la meilleure mufique dans le falon
» voifin de celui où la compagnie con-
» verfe

» verſe ſans en être incommodée. La fran-
» chiſe & la liberté, la ſimplicité dans les
» manieres comme dans les habillemens,
» ſe trouvent là plus que partout ailleurs.
» Madame de Gerardin & ſes filles, vê-
» tues en Amazones d'une étoffe brune la
» plus commune, ont un chapeau noir
» pour coëffure. Les garçons ont l'habil-
» lement le plus ſimple, & propre à les
» faire confondre avec les enfans des cam-
» pagnards, &c. »

64. Je n'ajouterai rien de plus à ce récit, ſinon que j'ai experimenté moi-même tout ce qu'y eſt dit. Monſ. de Gerardin m'a paru vouloir réaliſer à Er-menonville tout ce que l'imagination des Poëtes avoit peint de plus agreable dans les campagnes heureuſes de l'Arcadie, & dans les vergers de Cithere & de Gnide. Ce fut donc dans ce lieu charmant que je laiſſai Monſ. Rouſſeau, dans l'état le plus heureux peut-être de ſa vie, chez les hôtes genereux, qui l'aimoient, le chériſſoient

ſans

fans cet échaffaudage artificieux, qu'on appelle complimens ; mais que le vrai philofophe dedaigne ; parceque dans le fond
ils n'ont aucune fignification réelle.

65. Peu de tems après mon retour à
Londres , je lus dans les Gazettes l'annonce de la mort de Monf. Rouffeau à
Ermenonville, avec des circonftances, dont
je fçavois qu'une grande partie étoient
fauffes. Pour me tranquilifer fur d'autres
dont je me doutois , j'écrivis fur le champ
à nos amis communs pour avoir des éclair-
ciffemens à ce fujet. Ma curiofité fe bor-
na plus particulierement à ces deux points.
Premierement , favoir fi la mort de Monf.
Rouffeau avoit été précédée & accompagnée de beaucoup de fouffrances. En fe-
cond lieu , s'il avoit laiffé de quoi vivre
à fa Veuve ; car le tombeau ne bornera
jamais mes amitiés. Pour ce qui regarde
les propos & les expreffions d'un mori-
bond, elles dépendent tout-à-fait de l'é-
tat actuel de fon organifation phyfique.
Rien

Rien n'eſt plus inconféquent & moins certain, que les dernieres actions ou expreſſions d'un individu quelconque au lit de la mort, pour en pouvoir tirer des conféquences relativement à ſon caractere, ou aux vrais ſentimens de ſon ame, comme on le fait ſouvent. Lorſque toutes les fibres du corps, tous les reſſorts de la vie ſont dans un etat de convulſion : que la machine annonce les approches de ſa deſtruction, & qu'elle va tomber en pieces ; ce n'eſt plus le même homme qui raiſonne, ce ne ſont plus ſes propres ſentimens qu'il exprime. Cette ſeule réflexion doit ſuffire à ceux qui connoiſſent l'influence des ſenſations phyſiques ſur les facultés intellectuelles.

66. Voici la réponſe que je reçus de ſon ami & le mien, Monſ. le Begue de Preſle. « Vous imaginez aiſément (me » dit-il) le regret que j'ai de ce que » Monſ. Rouſſeau n'a pas joui de la tran- » quilité de corps & d'eſprit, qu'il avoit

» trouvé

» trouvé dans une belle campagne, &
» avec des perfonnes difpofées à tout faire
» pour le rendre auffi heureux que fon
» caractere & fes fouvenirs pouvoient le
» permettre. Il a très-peu fouffert, n'ayant
» eu qu'environ cinq quarts d'heure de
» vie de la premiere douleur de tête à
» la derniere qui a terminé fes jours. Je
» vous envoyerai par la pofte prochaine
» un Mémoire qui repondra à la plupart
» des chofes que vous & le Public defirez
» favoir. — Madame Rouffeau a de quoi
» vivre, &c. »7

67. Je ne cache point, que je fus fur-
pris d'apprendre auffitôt la mort de Monf.
Rouffeau ; mais je n'eus pas cette affliction tranchante, que j'aurois fentie s'il fut
mort au milieu de fes malheurs paffés.
Ah ! l'on eft affez héureux de quitter la
vie avant de quitter le bonheur. Et pour
ce qui regarde la mort, elle n'eft qu'une
fuite de notre organifation, une Loi de la
Nature, à laquelle il faut fe foumettre fans

mur-

murmurer. Au reste, tous les avantages de la vie ne méritent pas le regret de la perdre.

68. J'ai perdu un si grand nombre d'amis, & de personnes qui m'étoient cheres, depuis que je pense plus à l'essentiel des affaires humaines : que j'ai eu occasion de réfléchir souvent sur le fort de notre être, & sur les vrais motifs de la douleur accablante que nous éprouvons lorsque nous les perdons. Il semble que nous accueillons ces afflictions avec une espece d'empressement : nous les nourrissons même assez volontiers avec des chimeres : & quelquefois nous y mettons une espece d'honneur, croyant que c'est un devoir, un vrai tribut que nous payons à la mémoire de nos amis. Nous nous trompons assurément. Notre amour propre répand sur nos sensations l'illusion la plus complette. C'est nous-mêmes que nous pleurons, & non pas nos amis ; car c'est nous seuls qui essuyons la privation de ce bien-être dont nous jouissions pendant leur vie :

&

& c'eſt cette triſte ſenſation qui forme la douleur de les avoir perdus.

69. Peu après la mort de Monſ. Rouſ-ſeau, j'eſſuyai une autre perte qui me fut encore bien plus ſenſible; parcequ' outre les ſentimens généraux d'admiration & de reſpect qu'on lui portoit, j'en avois par devers moi de gratitude & d'attachement perſonels ſoutenus depuis pluſieurs années. Mon affliction fut extrême; elle a été commune à des perſonnes les plus illuſtres & reſpectables, aux quelles je m'intéreſſe par les devoirs les plus ſacrés de la recon-noiſſance : & à un grand nombre d'autres, dont le bonheur dependoit preſque entiere-ment de ſa protection *. J'eus alors, plus

* Son Alteſſe Sme. Charles Marie Raymonde, Duc d'A-renberg, Prince de l'Empire, Duc d'Arſchot & Croy, &c. &c. mourut de la petite verole le 17 Août 1778, dans le Chateau de ſa ſeigneurie de la ville d'Enghien de Halle des Pays Bas Autrichiens, generalement regretté, comme un Prince qui poſſédoit toutes les grandes vertus, qui font la vraie gloire de ceux de ſon rang, ſans en avoir aucun vice. Il étoit le protecteur des arts, l'amateur des ſciences, & de toutes les connoiſſances utiles; & le vrai ami du genre humain.

que

que amais, befoin de faire des reflexions férieufes, fur ces féparations cruelles qui nous défolent, pour tâcher de reconnoitre les principaux motifs qui occafionnent cette vive douleur, que nous éprouvons dans des occafions pareilles ; & pour déceler enfin combien notre *moi* y joue le plus grand rôle à notre infçu.

70. En confidérant que la mort eft une condition attachée à notre exiftence, je me fuis dit ; pourquoi nous plaindre de cette Loi de la Nature, de cette fuite de notre organifation ? Ah ! ne nous imaginons point de changer l'ordre de l'Univers par d'inutiles clameurs ! Soyons fages ; Refpectons les decrets de la Toute-Puiffance ; Et ne rapportons point à nous feuls tous les objets de la création. Non, me fuis-je dit, je ne payerai plus un tribut avili par l'amour de moi-même, à la mémoire de ceux qui me furent chers. En les perdant j'ai de moins autant de liens qui m'attachoient à la vie. Mais, tandis que

je

je leur furvivrai, je facrifierai mes atten-
tions & mes hommages à tout ce qu'ils ont
laiffé de plus cher : & je cultiverai encore
au-delà du tombeau leur amitié, par mon
attachement & par mes fervices.

71. L'on m'excufera, fi l'on veut, d'a-
voir mis fi peu de fuite dans mes idées,
& d'avoir tant parlé de moi-même & de la
douleur dont je fuis accablé, dans ces li-
gnes que je viens d'ajouter à la *Relation*
de Monf. le Begue de Prefle. C'eft qu'en
écrivant j'ai fuivi les impulfions de mon
cœur ; & quand il eft ému, on le fçait,
l'efprit a peu à faire ; la main copie aveu-
glement le fentiment de l'ame. Je n'en
fais point d'apologie ; & je n'efface rien ;
parceque ce n'eft pas un traité que j'écris,
mais un épanchement du cœur, que je
laiffe échapper pour adoucir ma douleur.

F I N.